Bibliografische Information der Deutschen Nationalbibliothek:

Die Deutsche Bibliothek verzeichnet diese Publikation in der Deutschen National-bibliografie; detaillierte bibliografische Daten sind im Internet über http://dnb.d-nb.de/ abrufbar.

Impressum:

Copyright © 2015 GRIN Verlag, Open Publishing GmbH
Druck und Bindung: Books on Demand GmbH, Norderstedt Germany
ISBN: 9783668229464

Dieses Buch bei GRIN:

http://www.grin.com/de/e-book/323786/psychische-folgen-fuer-kriegsteilnehmer-des-ersten-weltkriegs-was-wurde

Laura Schmöcker

Psychische Folgen für Kriegsteilnehmer des Ersten
Weltkriegs. Was wurde aus den Kriegsinvaliden?

GRIN Verlag

GRIN - Your knowledge has value

Der GRIN Verlag publiziert seit 1998 wissenschaftliche Arbeiten von Studenten, Hochschullehrern und anderen Akademikern als eBook und gedrucktes Buch. Die Verlagswebsite www.grin.com ist die ideale Plattform zur Veröffentlichung von Hausarbeiten, Abschlussarbeiten, wissenschaftlichen Aufsätzen, Dissertationen und Fachbüchern.

Besuchen Sie uns im Internet:

http://www.grin.com/

http://www.facebook.com/grincom

http://www.twitter.com/grin_com

Inhaltsverzeichnis

1

1. Einleitung

„Ohne sichtbare Wunden und doch zutiefst verletzt kehrten viele Soldaten aus dem Ersten Weltkrieg zurück" [1] mit diesen Worten begann im vergangenem Jahr ein Artikel der Tageszeitung Süddeutsche, über die Psychischen Leiden im Ersten Weltkrieg. Es ist kaum vorstellbar, laut Aufzeichnungen wurden von Beginn des Ersten Weltkriegs 1914 bis zu Ende 1918 insgesamt 613.047 Soldaten, allein aufgrund von Nervenkrankheiten behandelt. [2]

Das Erstaunen über diese riesige Zahl bestärkte meine Entscheidung in unserem Rahmenthema „Der Erste Weltkrieg", den Themenschwerpunkt auf „psychischen Folgen für Kriegsteilnehmer" zu legen, sehr. Außerdem habe ich mich für diesen Themenschwerpunkt entschieden, weil ich generell am Fachgebiet Psychologie interessiert bin. Es ist erstaunlich zu sehen, wie sich die Psyche des Menschen erforschen lässt und welche Fähigkeit sie besitzt mit verschiedenen Situationen und traumatischen Erlebnissen umzugehen. Mir persönlich war es sehr wichtig ein sehr menschennahes Thema zu wählen, da aus meinen bisherigen Erfahrungen der Erste Weltkrieg oft eher oberflächlich, weit weg vom Menschen, betrachtet wurde. Darüber hinaus war mein Urgroßvater selbst ein Kriegsteilnehmer, zwar diente er im 2. Weltkrieg, aber einigen Erzählungen zufolge litt er, der Symptomatik entsprechend, wohl auch an einer, durch den Krieg verursachten, Nervenkrankheit.

Bei der Vorbereitung auf diese Facharbeit, tauchten die verschiedensten Fragen auf. Um all diese zusammenzufassen und einzugrenzen, bildete sich zu meinem Thema „Psychische Folgen für Kriegsteilnehmer" nun auch die folgende Titelfrage heraus: „Was wurde aus den Kriegsinvaliden?". Ziel dieser Arbeit soll damit sein, diese Frage aus verschieden Blickwinkeln zu beleuchten und weitergehend zu beantworten. So wird es darum gehen, wie der damalige Umgang mit solchen Menschen tatsächlich war. Waren sie als Patienten mit den Behandlungsmethoden einverstanden und hatten sie überhaupt etwas dazu zu sagen? Und in welcher Situation waren die Ärzte, wie gingen sie mit ihnen um?

---

[1] Vgl. Hassenkamp, Milena Fee (2014): Psychische Leiden im Ersten Weltkrieg „Vom Schlachtfeld in die Hölle der Nervenärzte" in Süddeutsche Zeitung, http://www.sueddeutsche.de/politik/psychische-leiden-im-ersten-weltkrieg-vom-schlachtfeld-in-die-hoelle-der-nervenaerzte-1.1871045 (Stand 10.06.15)
[2] Vgl. Dunkel, Franziska (2013): Psychisch krankTraumatisiert im Ersten Weltkrieg http://www.swr.de/swr2/stolpersteine/themen/veteranen-erster-weltkrieg/-/id=12117604/did=12497166/nid=12117604/1m2tx5q/index.html (Stand 30.08.15)

Um die Struktur logisch und übersichtlich zu gestalten, habe ich mich für die Gliederungsform „vom Allgemeinen zum Besonderen" entschieden. So wird nach dieser Einleitung zunächst ein kurzer Einblick ins Rahmenthema „Der Erste Weltkrieg", zusammenhängend mit den „psychischen Folgen für Kriegsteilnehmer" erfolgen. Abgelöst wird jenes Kapitel dann vom Kernstück der Arbeit. Zunächst widme ich mich dort den Ursachen psychischer Krankheiten (3.1), um das Entstehen der Krankheiten möglichst klar nachvollziehbar zu machen. Anschließend wird es spezifischer um die Posttraumatischen Belastungsstörungen gehen (3.2). Wie sind diese definiert? Um welche Symptome handelt es sich genau? Weiterhin werde ich an diesem Punkt auch einige Behandlungsmethoden psychischer Krankheiten (3.3) darstellen. Eine zentrale Frage in diesem Abschnitt wird sein, wie wirksam und angemessen die damaligen Behandlungsmethoden psychischer Krankheiten tatsächlich waren. Im Schlussteil der Arbeit werden die Ergebnisse und Antworten auf die Titelfrage noch einmal zusammengefasst um das Thema gut abzurunden.

An Material habe ich neben einigen Monografien, Abhandlungen über verschiedenste Psychosen und Webliteratur, auch verschiedene Feldbriefe verwendet, um die Ergebnisse der Arbeit auch an Beispielen zu belegen. Zu den am meisten benutzten Quellen gehört vor allem, der 1917 gehaltene Vortrag von Adolf Strüppel über „Die Schädigungen der Nerven und des geistigen Lebens durch den Krieg" und eine Abhandlung „Über die Behandlung von Kriegsneurosen" von Gustav Liebermeister.

2. Allgemeiner Überblick

Der Erste Weltkrieg (1914-1918) war nicht allein durch seine insgesamt mehr als etwa 10 Millionen gefallene Soldaten, etwa 20 Millionen Verletzte, sowie noch 760.000 umgekommene Zivilisten, welche größtenteils an Hunger starben, ein verheerendes Geschehen in der Geschichte unsere Menschheit.[3] Welche massiven Ausmaße, in den verschiedensten Bereichen, der Krieg wirklich mit sich brachte, lässt sich nur schwer nachvollziehen. Vor dem Ersten Weltkrieg war die Welt in einer Zeit, die von inneren Spannungen und Krisen gekennzeichnet war. Einen prägenden

---

[3] Vgl. Grevelhörster, Ludger, 2014, S.182,
Wolfgang, Kruse: Erster Weltkrieg. Ursachen, Verlauf und Folgen, in: Praxis Geschichte.(2013), 6,S.4

Einfluss hatte besonders in Europa die Expansionswelle des Imperialismus [4,5] So war der Krieg „[...] letztlich auch Folge einer Krise der europäischen Moderne, die ihre gewaltige Entwicklungsdynamik nicht angemessen verarbeiten konnte[...]" [6]. Europa teilte sich in zwei Machtblöcke: seit 1882 schlossen sich Österreich-Ungarn, Italien und Deutschland zu dem sogenannten Dreibund zusammen und ab 1904 bildeten Großbritannien und Frankreich, ab 1907 auch gemeinsam mit Russland, die Entente.[7] Wie ein erster umgeworfener Dominostein, gilt als Auslöser des Krieges der am 28. Juni 1914 ausgeübte Mord an dem österreichische Thronfolger Franz Ferdinand und seine Frau in Sarajevo.[8] Unwissend zogen tausende Soldaten an die Front um für ihr Vaterland zu kämpfen, doch was damals noch keiner zu ahnen schien, waren die schrecklichen Folgen, die dieser Krieg mit sich bringen würde. [9] Die meisten, von den wenigen überlebenden Soldaten kamen am Ende als "Krüppel und psychische Wracks zurück".[10] Die Strategie der Kriegsführung in Deutschland, besagte im Westen mit Frankreich schleunigst in die Offensive zu gehen, um eine "entscheidende Vernichtungsschlacht [...] herbeizuführen"[11] und sich erst dann im Osten Russland zu zuwenden. Jedoch gelang dies nicht und an beiden Fronten kam es schließlich zu einem Stellungskrieg. 1917 kam es dann, durch den Eintritt der USA, zur Wende des Krieges und letzte Endes 1918 zur Kapitulation Deutschlands und somit zur Niederlage der Mittelmächte (des Dreibundes).[12] Der Erste Weltkrieg brachte in Europa, vor allem politisch und geografisch, viele Veränderungen mit sich.[13] Es kam zum Umsturz von regierenden Monarchien und in vielen Ländern so auch zu einem Zivilisationsbruch, der die vorherrschenden Werte und Normvorstellungen zerstörte.[14]

---

[4] **Expansionswelle der Imperialismus** = Mehrere Staaten der Großmächte erweitern zeitgleiche ihr Kolonialgebiete , ihre wirtschaftlichen, politischen und militärischen Einflüsse: http://www.duden.de/rechtschreibung/Imperialismus, http://www.duden.de/rechtschreibung/Expansion
[5] Vgl Wolfgang, Kruse, 2013, S.9
[6] Eb.
[7] Vgl. Die Chronik der Deutschen, 2007, Ungenannte Dimension, S.285
[8] Vgl. Zeitalter der Weltkriege bpb Ausgabe 321 im 1|2014 S.7
[9] Vgl. Traumatisierte Soldaten im Ersten Weltkrieg. Als die Helden das Kriegszittern bekamen, http://www.sueddeutsche.de/politik/traumatisierte-soldaten-im-ersten-weltkrieg-als-die-helden-das-kriegszittern-bekamen-1.1879437 (02.04.15)
[10] Vgl. Traumatisierte Soldaten im Ersten Weltkrieg. Als die Helden das Kriegszittern bekamen, Z.5
[11] Die Chronik der Deutschen,2007, S.285
[12] Vgl. Die Chronik der Deutschen,2007, S.285 / Vgl. Asmuss, Burkhard, Deutsches Historisches Museum, Berlin, 2011 Erster Weltkrieg, Kriegsverlauf :https://www.dhm.de/lemo/kapitel/erster-weltkrieg/kriegsverlauf.html
[13] Vgl. Die Chronik der Deutschen, 2007, Ungenannte Dimemtsion, S.285
[14] Bpb Dossier Der Erster Weltkrieg http://www.bpb.de/geschichte/deutsche-geschichte/ersterweltkrieg/ und Wolfgang, Kruse, 2013, S.9

Außerdem sollte der Erste Weltkrieg auch die Geburtsstunde posttraumatischer Belastungsstörungen (PTBS) wie zum Beispiel "Shell Shock" (zu Deutsch: Kriegszittern) sein. Als der Britische Psychologe Charles S. Myers im Jahre 1915 einige Soldaten untersuchte stellte er fest, dass diese "[...] extreme physische Symptome zeigten, für die keine organischen Ursachen identifiziert werden konnten [...]".[15] So gab es die verschiedensten Symptome, wie etwa unkontrolliertes Zittern, partielle Lähmungserscheinungen oder sogar der Verlust der Sprache.[16]

3.Psychische Folgen für Kriegsteilnehmer

3.1 Ursachen psychischer Krankheiten

Das sich aus den traumatischen Erfahrungen des Krieges tatsächlich psychische Neurosen entwickelten, ist heute klar. Beispielsweise wenn man betrachtet dass sich im Stellungskrieg an der Westfront über längere Zeiträume hinweg, feindliche Soldaten in ellenlangen Verteidigungslinien gegenüber lagen und so „[...]Dem Feuer eines unsichtbaren Gegners ausgesetzt [...]"[17] waren. Sie lagen in Schützengräben, in Schmutz und Kälte, hatten kaum Schlaf und waren ständiger Angst und Stress ausgesetzt. [18] So ist es nicht verwunderlich, dass alle die Geschehnisse des Krieges, neben den viele Menschenleben die der Krieg kostete, die Nerven der Soldaten extrem belasteten und somit verschiedene Krankheiten hervorbrachte. Ein Britischer Psychologe Namens William H. River nahm an, dass einer der Hauptgründe für diese Kriegsneurosen darin begründet lag, dass die Soldaten nicht ausreichend auf den enorm belastenden Stress des Krieges vorbereitet wurden. Die Kriegsneurosen waren für ihn „[...] die Folge des Zwangs, weiterkämpfen zu müssen, trotz einer unbezwingbaren Angst [...]".[19] Daher sah er die verschiedenen physischen Symptomen als Ausdruck jener Angst an. [20] Noch weitaus tiefgreifender sah dies der deutsche Prof. Adolf Stümpell, welcher sich auch während des Krieges, 1917, mit den Ursachen psychischer Krankheiten beschäftigte. Er stellte sich die Frage wie der Krieg auf unser Nervensystem einwirkt und ob es möglich ist das der Krieg die

---

[15] Hassenkamp, Milena Fee, 2014, Vom Schlachtfeld in die Hölle der Nervenärzte
[16] Vgl. Eb.
[17] Hassenkamp, Milena Fee, 2014, Vom Schlachtfeld in die Hölle der Nervenärzte
[18] Vgl. Eb.
[19] Hassenkamp, Milena Fee, 2014, Hetzjagd auf angebliche Feiglinge Z.49
[20] Vgl. Hassenkamp, Milena Fee, 2014, Hetzjagd auf angebliche Feiglinge

Nerven sogar widerstandsfähiger macht.[21] Er war der Meinung, dass der Krieg zwar tiefst traumatische Ereignisse mit sich brachte, aber dennoch auch sehr wertvolle Informationen für die Physiologie des Nervensystems lieferte. Prof. Stümpell kam zu dem Schluss, dass laut seiner Definition Kriegsneurosen, nervöse Krankheitserscheinungen bei Kriegsteilnehmern sind, die keine gröbere nachweisbare Verletzung an irgendeiner Stelle des Nervensystems erlitten haben. Dennoch war er der Meinung, dass es sich bei der Entstehung einer solchen Kriegsneurose oft "um eine schwere allgemeine körperliche Erschütterung des Nervensystems oder wenigstes, des Gehirns..." handelt.[22] Dementsprechend unterteilt er die Neurosen, und somit auch ihre Ursachen, in Kontusionsneurosen und Schreck/ Psychoneurosen. Die Kontusionsneurosen sind die Neurosen, welche durch schwere körperliche Erschütterungen des Zentralennervensystems, zum Beispiel durch Verschüttung oder Granatensprengungen, eine Veränderung, im inneren feineren Gefüge des Nervengewebes hervorrufen und dadurch, eine zeitweise völlige Aufhebung der höheren vitalen Funktionen mit sich bringt. Im Gegensatz dazu, stehen die Schreckneurosen, die nicht zwangsläufig ihm Zusammenhang mit körperlichen Erschütterungen stehen, sondern die "[...] mit einer großen seelischen Erregung, mit einer geistlichen Erschütterung, einem fürchterlichem Schreck, einer enormen Aufregung und dgl. Verbunden [...]" sind.[23] Zwar waren diese Begrifflichkeiten nicht erst zu dieser Zeit entwickelt worden, aber dennoch gab somit besonders der Krieg, oft Anlass diese Schreckneurosen zu entwickeln.[24] Der Folgende Ausschnitt eines Feldpostbriefes eines

„..Ich habe einen Menschen gesehen, der an der Stelle des Gesichts ein blutiges Loch hatte. Keine Nase mehr, keine Wangen. All das ist verschwunden, es gibt nur noch eine große Höhle, an deren Ende sich die Organe des hinteren Rachenraums bewegen. Keine Augen mehr, nur noch Lid- fetzen, die ins Leere hängen. Versteckt diese Horrormaske!" [25]

Kriegsteilnehmers, verdeutlicht wie Beispielsweise so ein tiefer Schock aussehen könnte:

---

[21] Vgl. Strümpell, Adolf,1917, S.3
[22] Eb., S.5
[23] Stümpell, Adolf, 1917, S.6, Z.33f
[24] Vgl. Eb. S. 5-6

Nun wird auch die innige Verbindung von Körper und Geist und deren gegenseitigen Einfluss aufeinander deutlich. Im unserem Nervensystem ist diese Verbindung jedoch im Unterbewusstsein verwurzelt. Kommt es zu einer starken seelischen Erregung, hat dies auch ohne das bewusste Wollen, einen Einfluss auf den Körper. [26] Wenn beispielsweise bei einer bloßstellenden Situation, ein Schamgefühl (seelische Erregung) aufkommt, wird die jeweilige Person wahrscheinlich unbewusst rot anlaufen (körperliche Reaktion auf seelische Erregung). Folglich sind nun bestimmte körperliche Reaktionen in verschieden Bewusstseinsvorgängen verankert. Spricht man nun nicht nur von einem leichten Schamgefühl, sondern von einem Schreck der mit Todesangst verbunden ist, wie es im Krieg oft täglich der Fall war, wird klar, je stärker ein Schreck desto mehr schwindet infolge dessen auch das Bewusstsein.[27] 1917 als ein Generaloberarzt aus Tübingen über Nervenkrankheiten des Krieges sprach, sagte er:

> "Die Hauptursachen sind Schreck und Angst beim Explodieren feindlicher Geschosse und Minen, beim Anblick verstümmelter und getöteter Kameraden, beim Zusammenstürzen der Unterstände, bei der Wahrnehmung eigener Verwundung oder körperlicher Schädigung durch stumpfe Gewalt"[28]

Zusammenfassend könnte man nun sagen, die Ursache einer Kriegsneurose ist Angst/Schrecken, welche durch ein bestimmtes traumatisches Erlebnis, das im Zusammenhang mit dem Krieg steht, ausgelöst wurde. Die physische Symptome kann man als Ausdruck des Unterbewusstseins verstehen, mit diesem traumatischen Erlebnis umzugehen.

3.2 Posttraumatische Belastungsstörungen

Die psychischen Folgen eines Traumas wurden erstmals etwa 1900 vor Christus von einem ägyptischen Arzt umschrieben. Im Jahre 1895 skizzierten Sigmund Freud und Josef Breuer in ihren Hysteriestudien, die möglichen Langzeitfolgen von Traumata als Unterklasse der hysterischen Erkrankungen. Fünf Jahre später war Abram Kardiner, ein Schüler Freuds, der Erste der die Symptome der posttraumatischen Belastungsstörungen beschrieb. Im Ersten Weltkrieg fand man verschiedene Begriffe, um die durch den Krieg ausgelösten Nervenkrankheiten bei

---

[25] Ernst Friedrich: Krieg dem Kriege. Vorwort zur Wiederveröffentlichung von Gerd Krumeich. München 2004, S. XIV
[26] Vgl. Stümpell, Adolf,1917, S.8-9
[27] Vgl. Eb S.10- 12
[28] Gaupp, R.,1917,S.4/5,S.9

Kriegsteilnehmern zu beschreiben.[29] In Deutschland sprach man vom „Kriegszittern" oder von Kriegsneurosen, in den englischsprachigen Ländern hingegen war der Begriff „Shell Shock" verbreitet und in Frankreich war von „Obusite" welches sich von dem französischen Wort "obus", zu Deutsch Granate, ableitetet, die Rede.[30] Zwar beschäftigte man sich die kommenden Jahre auch weiterhin noch mit Kriegstraumata, doch bis diese tatsächlich als Krankheit und Störung anerkannt wurden, sollte es noch dauern. Erst als die gleichen Symptome auch im Zweiten Weltkrieg, vor allem aber später im Vietnamkrieg und Korea erneut auftauten, schienen diese erst richtig ernst genommen zu werden. Schließlich wurden die posttraumatischen Belastungsstörungen im Jahr 1980 endlich offiziell als Krankheit anerkannt und im internationalen Katalog der Krankheiten (ICD= International Classification of diseases) aufgenommen und somit auch der Begriff „posttraumatischen Belastungsstörungen" verbreitet. [31]

Die heutzutage verbreitet Definition von posttraumatischen Belastungsstörungen besagt, dass es sich dabei um eine „verzögerte und lang anhaltende Reaktion auf mindestens ein traumatisches Erlebnis"[32] oder um eine Situation die durch eine akute Bedrohung gekennzeichnet ist, handelt. Dabei kann die betroffene Person selbst *Opfer* oder auch nur *Augenzeuge* der jeweiligen Situation gewesen sein. Diese Reaktionen sind meist von intensiver Angst und Hilflosigkeit gekennzeichnet.[33] Im Krieg Beispielsweise fiel es vielen Soldaten sehr schwer ihre eigenen Verwundungen oder den Tod ihrer Kameraden/Freunde zu akzeptieren, so schrieb Leutnant Eberbach 1915 in einem Feldpostbrief nach Hause:

---

[29] Vgl. Posttraumatische Belastungsstörungen,http://www.psychotherapeutische-kliniken.de/PTBS.aspx (10.10.15)
[30] Vgl.Traumatisierte Soldaten im Ersten Weltkrieg. Als die Helden das Kriegszittern bekamen, http://www.sueddeutsche.de/politik/traumatisierte-soldaten-im-ersten-weltkrieg-als-die-helden-das-kriegszittern-bekamen-1.1879437 (02.04.15)
[31] Vgl. Hassenkamp, Milena Fee, 2014, Hetzjagd auf angebliche Feiglinge
[32] Raue, Wiebke, Posttraumatische Belastungsstörung (PTBS): Definition. 2014, http://www.onmeda.de/krankheiten/posttraumatische_belastungsstoerung-definition-15012-2.html (11.10.15)
[33] Vgl Prof. Dr. med. Schnyder, Ulrich, Was ist eine Posttraumatische Belastungsstörung (PTBS)? http://www.neurologen-und-psychiater-im-netz.org/psychiatrie-psychosomatik-psychotherapie/erkrankungen/posttraumatische-belastungsstoerung-ptbs/was-ist-eine-posttraumatische-belastungsstoerung-ptbs/ (21.10.15)

„Ich kann und will Familie Druffner nicht kondolieren, weil ich nicht glauben kann und will, daß er gefallen ist. Wir hielten das immer beide bei uns für ausgeschlossen." [34] Hier wird aber auch deutlich, dass der Begriff posttraumatische Belastungsstörungen heute noch weitaus mehr umfassend ist. Die posttraumatischen Belastungsstörungen schließen neben den Kriegshandlungen, auch Reaktionen auf andere traumatische Ereignisse wie zum Beispiel Verkehrsunfälle, Gewaltverbrechen   sexuellen Missbrauch oder Naturkatastrophen, mit ein. [35]   Zu den heute verbreiteten Symptomen zählen das ständige **Wiedererleben der belastenden Situation**, beispielsweise in Form von Flashbacks und Alpträumen, die **vegetative Überregtheit**, welche sich unter anderem in Konzentrationsschwierigkeiten, Reizbarkeit oder Schlafstörungen äußert, und **Vermeidungssymptome** wie Teilnahmslosigkeit, Gleichgültigkeit oder die aktive Vermeidung bestimmter Aktivitäten, Orten und Gegenständen, welche Erinnerungen an das Trauma wieder hervorrufen könnten. [36] Weiterhin berichten Quellen aber auch, besonders im Nachhinein, von anderen psychischen Beschwerden wie zum Beispiel Bindungsverlust, Angstattacken oder Alkoholismus. [37] All diese Symptome waren zwar auch bereits im Krieg ebenso vorhanden, jedoch bewirkten die Ereignisse des Krieges, noch weitaus stärkere Symptome. Zu diesen zählten vor allem „ [...] Zustände plötzlicher Stummheit, Taubheit oder Taubstummheit, des allgemeinen Zitterns, der Unfähigkeit zu stehen und zu gehen, der Anfälle von Ohnmacht und Krämpfen." [38]

Ein Beispiel hierfür ist der "Fall 504", ein 31 jähriger Unteroffizier, der durch eine platzende Granate zu Boden geworfen wurde und bewusstlos war. Zunächst schien

---

[34] Vgl. Seelische Verheerungen und ihre >Behandlung<.In: Bernd Ulrich/ Benjamin Ziemann (Hrsg.): Frontalltag im Ersten Weltkrieg. Wahn und Wirklichkeit, Fischer Tagebuch, Frankfurt am Main, S. 77

[35] Vgl. Dr. med. Schnyder, Ulrich, Posttraumatische Belastungsstörung - Ursache bzw. Auslöser, http://www.neurologen-und-psychiater-im-netz.org/psychiatrie-psychosomatik-psychotherapie/stoerungen-erkrankungen/posttraumatische-belastungsstoerung-ptbs/ursache-ausloeser/ (21.10.15)
[36] Vgl. Dr. med. Schnyder, Ulrich, Posttraumatische Belastungsstörung - Symptome & Störungsbild, http://www.neurologen-und-psychiater-im-netz.org/psychiatrie-psychosomatik-psychotherapie/stoerungen-erkrankungen/posttraumatische-belastungsstoerung-ptbs/symptome-krankheitsbild/ (21.10.15)
[37] Zoidl, Franziska, Kriegsneurosen: Das große Zittern an der Front, 2014, http://derstandard.at/1389858893075/Kriegsneurosen-Das-grosse-Zittern-an-der-Front (21.10.15)

[38] Gaupp, R.,1917,S.4/5,S.9

er lediglich sehr verwirrt, nach 2 Tagen war er jedoch vollkommen Verstummt und beinahe auf beiden Ohren komplett Taub.[39]

Nun neben den posttraumatischen Belastungsstörungen gibt es aber auch die akute Belastungsreaktion und die Anpassungsstörung, als Reaktionsform auf tiefsitzende Traumata. Ist Beispielsweise eine nahestehende Person gestorben oder kam es zu einer entscheidenden Lebensveränderung, spricht man von einer Anpassungsstörung. Sie tritt etwa einen Monat nach dem Ereignis ein, aber hält nicht länger als sechs Monate an. Im Gegensatz dazu steht die akute Belastungsreaktion, die unmittelbar nach dem traumatischen Ereignis eintritt, sie äußert sich Beispielsweise in Form von Ängsten oder körperlichen Beschwerden. Halten diese Symptome länger als vier Wochen an, gilt die Diagnose posttraumatische Belastungsstörung.[40] Wenn diese Symptome länger als drei Monate anhalten, geht man von einem chronischen Verlauf der posttraumatischen Belastungsstörung aus. Dennoch ist das Auftreten von Symptomen direkt nach dem erlebten Traumas genauso möglich, wie das Auftreten von Symptomen erst Monate, oder sogar Jahre nach dem erlebten Trauma.[41]

3.3 Behandlungsmethoden und der Zwiespalt der Ärzte

In seinem Vortrag über die Behandlung von Kriegsneurosen sagte Stabsarzt Dr. Gustav Liebermeister 1917, dass jeder einzelne Fall so individuell sei, dass es „[...] eine Methode nach der man alle funktionellen Kriegsneurosen systematisch behandeln könnte [...]" nicht gäbe.[42] Damit hatte er wohl Recht, denn dementsprechend entwickelten sich eine Vielzahl verschiedener Behandlungsmethoden, besonders auch dadurch, dass Kriegsneurosen, zumindest in diesem Ausmaß, teils komplettes Neuland für viele der Behandelnden Ärzte war.[43]

---

[39] Vgl. Seelische Verheerungen und ihre >Behandlung<.In: Bernd Ulrich/ Benjamin Ziemann (Hrsg.): Frontalltag im Ersten Weltkrieg. Wahn und Wirklichkeit, Fischer Tagebuch, Frankfurt am Main, S. 104

[40] Vgl. Raue, Wiebke, Posttraumatische Belastungsstörung (PTBS): Definition. 2014, http://www.onmeda.de/krankheiten/posttraumatische_belastungsstoerung-definition-15012-2.html (11.10.15)
[41] Vgl. Posttraumatische Belastungsstörungen, http://www.psychotherapeutische-kliniken.de/PTBS.aspx (11.10.15)
[42] Liebermeister, Gustav, 1917, S.4
[43] Vgl. Stümpell, Adolf, 1917, S.4-6

Weiterhin berichtete Dr. Liebermeister in seinem Vortrag, von seinen Erfahrungen in der Therapie, dass die militärische Disziplin, der die Soldaten unterstanden, sich des Öfteren als sehr nützlich erwies. Denn dadurch mussten die Soldaten, nicht nur dem Befehl ins Lazarett zu gehen und sich dort behandeln zu lassen Folge leisten, sondern sie mussten auch die vom Arzt gewählte Therapiemethode, sofern es sich nicht um einen Eingriff in ihre körperliche Integrität handelte, unterziehen.[44] In vielen Fällen war somit die Zusammenarbeit mit den Patienten leichter. Dennoch ist Liebermeister der Meinung, dass eben dieser Punkt bei dem Vorgehen des Arztes besonders beachtet werden muss und unterstreicht die Wichtigkeit, der Fähigkeit eines Arztes sich, in den Patienten hineinzuversetzen, um ihn dem entsprechend behandeln zu können. Ebenso spielt laut Liebermeister der Einfluss von nahestehenden Personen, wie Familie oder enge Freunde, eine wichtige Rolle im Heilungsprozess. So schienen einige Patienten, durch die, von ihren Angehörigen erhaltenen, Bewunderung für ihr tapferes Durchhalten, schneller gesund zu werden. Bei jenen deren Angehörige sie mit übermäßigen Mitleid überhäuften, schien der Heilungsprozess eher gehemmt. [45]

Nun, in vielen Kliniken war das Ziel der Behandlung meistens darauf ausgerichtet, Patienten schnellstmöglich funktionstüchtig zu machen, um sie wieder an die Front zurück schicken zu können.[46] Sehr verbreitet war früher auch der Gedanke, dass Symptome der Kriegsneurotiker oft bewusst oder unbewusst erzeugt wurden, um den Schrecken der Front zu entgehen. So wurden viele der Erkrankten als Simulanten und Drückeberger degradiert, letztlich wurden einige verurteilt und standrechtlich erschossen. In Deutschland galt beispielsweise der Psychiater und Neurologe Karl Bonhoeffer, als Pächter dieses Gedanken. Auch andere Psychiater gingen, in den Militär Krankenhäusern, regelrecht auf Hetzjagd auf angebliche Simulanten und Feiglinge. Vermeintlich hatte dies auch einen Einfluss auf die Einstellung der Ärzte, sodass sich der Anschein verbreitete, dass Ärzte nun statt Helfer, für Patienten eher zu Feinden wurden.[47]

So musste sich nun ein jeder Arzt der Problematik stellen, ob es sich bei seinem Patient, um einen ernsthaft erkrankten oder einen Simulant handelte, wobei die Übergänge dabei häufig auch fließend waren. Die behandelnden Ärzte schienen sich

---

[44] Vgl. Liebermeister, Gustav, 1917, S.5
[45] Vgl. Liebermeister, Gustav, 1917, S.9-10
[46] Vgl. Hassenkamp, Milena Fee, 2014, Hetzjagd auf angebliche Feiglinge
[47] Vgl. Traumatisierte Soldaten im Ersten Weltkrieg. Als die Helden das Kriegszittern bekamen

damals „[...] besonders dem Staat, seinen Zielen und Idealen gegenüber verpflichtet, so daß sie in den Konflikt gerieten, den Mensch diesen unterordnen zu müssen." [48] Auch Dr. Liebermeister war sich dessen bewusst, dass es einige Ärzte gab die mit Ihren Methoden lediglich Scheinheilungen erreichen wollten. [49] Denn die Zahlen der tatsächlichen Genesungen und Frontfähigkeit nach einer Behandlung (nicht bekannt), waren wohl im Gesamtbild zu gering, sodass man im Endeffekt wenigstens versuchte die Resozialisierung und die Arbeitsfähigkeit der Patienten zu erreichen, „um dem Staat keinen größeren volkswirtschaftlichen Schaden, durch etwaige Rentenansprüche der Kriegsneurotiker zuzufügen." [50]

So gibt es einige Patienten die, etwa wie Josef R. 1918, berichten, dass sie aufgrund mangelnder Behandlungserfolge aus dem Militärdienst entlassen wurden und letztlich so ohne Anspruch auf Kompensationszahlungen dastanden. [51]

Dennoch selbst die Patienten, die letztlich tatsächlich als krank anerkannt wurden, mussten oft schreckliche Therapien über sich ergehen lassen, da sie kaum Einfluss darauf hatten. [52]

Als besonders grausame Behandlungsmethode, gilt vor allem die 1915 verbreitete, sogenannte Kaufmann-Kur, hierbei wurden Elektroden an den Augen, Ohren, Kehlkopf, Genitalien oder direkt an den von Symptomen betroffenen Organen angebracht und dann über einige Minuten hinweg, teils sehr starken Stromschlägen ausgesetzt. Erst dann folgte „[...] die eigentliche Suggestivbehandlung [...] das heißt der Psychiater befahl dem Patienten zum Beispiel Marschübungen zu absolvieren, wenn dieser an einem Zittern der Beine litt." [53] Zunächst berichteten Ärzte von dieser Methode, als sehr vielversprechend und erfolgreich, jedoch gab es letztes Endes auch viele Todesfälle, so dass die Methode später als Umstritten galt. So beispielsweise bei dem Infanterist Heidenreich, welcher im September 1917 wegen Lähmung der linken Hand, mit der Kaufmann'schen Methode behandelt wurde, es

---

[48] Lembach, Frank Heinz Siegfried, Die 'Kriegsneurose' in deutschsprachigen Fachzeitschriften der Psychiatrie und Neurologie von 1889 – 1922, 2002, http://www.ub.uni-heidelberg.de/archiv/2553 (20.10.15)
[49] Vgl. Liebermeister, Gustav, 1917, S.4
[50] Vgl. Lembach, Frank Heinz Siegfried, 2002
[51] Vgl. Zoidl, Franziska,2014, Kriegsneurosen: Das große Zittern an der Front
[52] Vgl. Hassenkamp, Milena Fee, 2014, Hetzjagd auf angebliche Feiglinge
[53] Kriegsneurotiker und Militärpsychiatrie, http://erster-weltkrieg.dnb.de/WK1/Web/DE/Navigation/Kriegsalltag/Kriegsneurotiker-und-Militaerpsychiatrie/kriegsneurotiker-und-militaerpsychiatrie.html (21.10.15)

kam während der elektrischen Behandlung zum Atemstillstand und kurz darauf starb er an Herzlähmung.[54]

Eine weitere sehr drastische Methode zur Behandlung von PTBS, war die Therapie funktioneller Aphasien (Sprachstörungen) von Otto Muck. Bei dieser wird mithilfe einer Kehlkopfsonde eine künstliche Erstickungsangst erzeugt, so soll der Patient dazu gebracht werden, aus Todesangst zu schreien. In diesem Zusammenhang wird er dann dazu aufgefordert zu sprechen. Auch von dieser Methode berichten verschiedene Quellen, dass sie tatsächlich einige Erfolge gebrachte haben soll. [55]

Zu den eher sanfteren Behandlungsmethoden gehörten zum Beispiel Isolation, Zwangsexerzieren oder Hungerkuren für die Patienten.[56] Ärzte und Psychologen die wie William River annahmen, dass die Symptome tatsächlich aufgrund einer unbezwingbaren Angst entstanden, setzten eher auf Gesprächstherapien. In diesen konfrontierten sie die Patienten mit ihren jeweiligen Erfahrungen, um ihnen zu verhelfen, diese als Teil ihres Lebens zu akzeptieren und die damit verbundene Angst (und somit auch die physischen Symptome) zu bewältigen. Ähnlich zu diesen gab es, besonders zum Ende des Krieges, Ärzte, die an Anlehnung an die von Freud und Breuer geprägte kathartische Methode, ihrer Patienten dazu bewegten ihre Erinnerungen und Träume an das traumatischen Ereignis niederzuschreiben, um diese dann in Hypnose erneut anzusprechen zu können. Auf diese Art und Weise sollten die traumatischen Erlebnisse, mit Anwesenheit des Arztes, in der Hypnose erneut durchlebt werden, um die Ängste und „eingeklemmten Affekte" zu lösen. [57]

4. Schlussteil

Nun die wesentlichen Punkte noch einmal zusammengefasst:

Um mit den tief traumatischen Ereignissen des Ersten Weltkriegs, wie dem Tod und Verwundungen, welche auch oft mit enormen Schockzuständen verbunden waren, umzugehen, entwickelte das Unterbewusstsein der Kriegsteilnehmer verschiedene physische Symptome.[58] Je nach bewusst oder unbewusst wahrgenommener Intensität der jeweiligen traumatischen Ereignisse, machten sich auch verschieden

---

[54] Vgl. Seelische Verheerungen und ihre >Behandlung<.In: Bernd Ulrich/ Benjamin Ziemann (Hrsg.): Frontalltag im Ersten Weltkrieg. Wahn und Wirklichkeit, Fischer Tagebuch, Frankfurt am Main, S. 107
[55] Vgl. Hassenkamp, Milena Fee, 2014, Hetzjagd auf angebliche Feiglinge
[56] Priv.-Doz. Dr. Kehrer, Zur Frage der Behandlung der Kriegsneurosen, in: Zeitschrift für die gesamte Neurologie und Psychiatrie, Bd.36/1917, S.1-22
[57] Vgl. Lembach, Frank Heinz Siegfried, 2002
[58] Vgl. Liebermeister, Gustav, 1917, S.

Symptome wie etwa unkontrollierbares Zittern, Schlafstörungen, verschiedene Angstzustände oder sogar Taubheit oder Sprachverlust, bemerkbar. Aufgrund der Neuartigkeit und der Vielfalt der Symptome, entwickelten verschieden Ärzte auch die verschiedensten Behandlungsmethoden, von denen manche mehr und manche weniger gut funktionierten. Hinsichtlich der Behandlungsmethoden und dem entsprechende auch bezüglich dem Umgang mit den Kriegsteilnehmern, möchte ich mich am Ende nun den Worten des Medizinhistorikers Wolfgang U. Eckart von der Universität Heidelberg anschließen der sagte:

„Diese Behandlungsmethoden trugen den Charakter einer zweiten Traumatisierung. [...] Man habe nicht versucht, den Soldaten beizubringen, mit ihrem Schrecken umzugehen, sondern man versuchte, ihnen diesen auszutreiben". [59]

Auf der einen Seite, besonders zum Ende des Krieges, gab es einige Ärzte die wohl tatsächlich mehr oder minder, beispielsweise in Form von Gesprächstherapien oder Hypnose, versuchten ihren Patienten zu helfen ihr Traumata, als Teil ihres Lebens zu akzeptieren und damit zu arbeiten, um auch eine Genesung der physischen Symptome zu erreichen. Auf der anderen Seite jedoch, scheint die Mehrheit der damaligen Behandlungsmethoden, eher unmenschlich und lediglich zum Nutzen des Krieges ausgelegt zu sein, statt eine ernsthafte Genesung für die Patienten erreichen zu wollen. Dies zeigt sich für mich zum einen darin, wie drastisch die Methoden waren, Patienten starke Stromschläge zu geben um die physischen Symptome loszuwerden, oder sie in Erstickungsnot zu bringen, damit sie schreien und wieder zu sprechen beginnen, erachte ich als unethisch und menschlich nicht vertretbar. Auch zeigt es sich daran, dass die Erkrankten aufgrund der militärischen Ordnung, wie Dr. Liebermeister in seinem Vortrag berichtete, kaum ein Mitspracherecht darüber hatten, ob eine jeweilige Behandlungsmethode angewandt werde sollte. Es unterstreicht die Macht und Erhabenheit der Ärzte über den Patienten und lässt die Kriegsinvaliden, meinen Ansichten nach, als bloße Forschungsobjekte der damaligen Ärzte erscheinen. Dahingegen aus der Perspektive eines Arztes, standen die Ärzte in einem Zwiespalt. Von den Vorgesetzten und vom Staat wurde erwartet, dass sie fähig sind die erkrankten Soldaten zu behandeln und dafür zu sorgen, dass sie schnellstmöglich wieder Frontfähig und bereit für den Krieg sind. Dagegen sprach aber, dass das Krankheitsbild der Kriegsneurosen noch nicht ausreichend erforscht

---

[59] Vgl. Zoidl, Franziska,2014, Kriegsneurosen: Das große Zittern an der Front

war, so hatten sie kaum Erfahrung damit, sodass sie diesen Erwartungen nicht gerecht werden konnten. Der Kompromiss den die Ärzte eingingen schien, dann darin zu liegen wenigstens eine Resozialisation und die Arbeitsfähigkeit der Patienten zu ermöglichen, um dem Staat zumindest vor hohen Rentenansprüchen der Kriegsinvaliden zu schützen.

Die Frage die für mich zum Schluss nun noch offen bleibt ist: warum wurden die Kriegsneurosen, wo sie doch so massive Ausmaße hatten, erst so viele Jahre später, 1990, als tatsächliche Krankheit anerkannt und unter dem Namen posttraumatische Belastungsstörungen im ICD eingetragen?"

5. Literaturverzeichnis

Zeitschrift

- Neitzel, Sönke, Der Erste Weltkrieg. In: Bpb Zeitalter der Weltkriege 1|2014, Nr.321 S.7/S.80
- Priv.-Doz. Dr. Kehrer, Zur Frage der Behandlung der Kriegsneurosen, in: Zeitschrift für die gesamte Neurologie und Psychiatrie, Bd.36/1917, S.1-22
- Wolfgang, Kruse: Erster Weltkrieg. Ursachen, Verlauf und Folgen, in: Praxis Geschichte.(2013), 6,S.4-9

Sammelwerke

- Die Chronik der Deutschen, Chronik Verlag im Wissen Media Verlag GmbH, Der Erste Weltkrieg Ungenannte Dimension, Gütersloh/München 2007, S.285
- Dr. Liebermeister, Gustav: Nerven und Geisteskrankheiten. In: Prof. Dr. Bumke, O. (Hrsg.) 10. Band, Heft 7, Breslau: Über die Behandlung von Kriegsneurosen, Carl Marhold Verlagsbuchhandlung, Halle a.s., 1917
- Seelische Verheerungen und ihre >Behandlung<.In: Bernd Ulrich/ Benjamin Ziemann (Hrsg.): Frontalltag im Ersten Weltkrieg. Wahn und Wirklichkeit, Fischer Tagebuch, Frankfurt am Main, S.102-109, S.77

Monografien

- Ernst Friedrich: Krieg dem Kriege. Vorwort zur Wiederveröffentlichung von Gerd Krumeich. München 2004, S. XIV
- Gaupp, R., Die Nervenkrankheiten des Krieges , ihre Beurteilung und Behandlung. Ein Wort zur Aufklärung und Mahnung an weite Kreise unseres Volkes. Vortrag, Stuttgart, 1917
- Grevelhörster, Ludger: Der Erste Weltkrieg und das Ende des Kaiserreiches. Geschichte und Wirkung, Auflage 3, Aschendorff Verlag GmbH, Münster, 2014
- Strümpell, Adolf, Die Schädigung der Nerven und des geistigen Lebens durch den Krieg. ein Vortrag gehalten in der Wiener Urania am 4. Oktober 1917, Verlag von F. C. W. Vogel, Leipzig,1917(Elektronische Ressource: https://portal.dnb.de/bookviewer/view/1035336707#page/4/mode/2up)

Beiträge aus dem Internet

- Asmuss, Burkhard, Deutsches Historisches Museum, Berlin, 2011
  Erster Weltkrieg, Kriegsverlauf :https://www.dhm.de/lemo/kapitel/erster-
  weltkrieg/kriegsverlauf.html (05.09.15)

- Dunkel, Franziska (2013): Psychisch krankTraumatisiert im Ersten Weltkrieg
  http://www.swr.de/swr2/stolpersteine/themen/veteranen-erster-weltkrieg/-
  /id=12117604/did=12497166/nid=12117604/1m2tx5q/index.html (Stand
  30.08.15)

- Hassenkamp, Milena Fee: Psychische Leiden im Ersten Weltkrieg. Vom
  Schlachtfeld in die Hölle der Nervenärzte, in: Süddeutsche Zeitung, (2014)
  http://www.sueddeutsche.de/politik/psychische-leiden-im-ersten-weltkrieg-
  vom-schlachtfeld-in-die-hoelle-der-nervenaerzte-1.1871045 (08.05.15)

- Hassenkamp, Milena Fee: Psychische Leiden im Ersten Weltkrieg. Hetzjagd
  auf angebliche Feiglinge, in: Süddeutsche Zeitung, (2014)
  http://www.sueddeutsche.de/politik/psychische-leiden-im-ersten-weltkrieg-
  vom-schlachtfeld-in-die-hoelle-der-nervenaerzte-1.1871045-2 (08.05.15)

- Kriegsneurotiker und Militärpsychiatrie, http://erster-
  weltkrieg.dnb.de/WKI/Web/DE/Navigation/Kriegsalltag/Kriegsneurotiker-und-
  Militaerpsychiatrie/kriegsneurotiker-und-militaerpsychiatrie.html (20.06.15)

- Lembach, Frank Heinz Siegfried, Die 'Kriegsneurose' in deutschsprachigen
  Fachzeitschriften der Psychiatrie und Neurologie von 1889 – 1922,
  http://www.ub.uni-heidelberg.de/archiv/2553 (20.10.15)

- Posttraumatische Belastungsstörungen, http://www.psychotherapeutische-
  kliniken.de/PTBS.aspx (11.10.15)

- Prof. Dr. med. Schnyder, Ulrich, Posttraumatische Belastungsstörung -
  Symptome & Störungsbild, http://www.neurologen-und-psychiater-im-
  netz.org/psychiatrie-psychosomatik-psychotherapie/stoerungen-

erkrankungen/posttraumatische-belastungsstoerung-ptbs/symptome-krankheitsbild/ (21.10.15)

- Prof. Dr. med. Schnyder, Ulrich, Was ist eine Posttraumatische Belastungsstörung (PTBS)?.http://www.neurologen-und-psychiater-im-netz.org/psychiatrie-psychosomatik-psychotherapie/erkrankungen/posttraumatische-belastungsstoerung-ptbs/was-ist-eine-posttraumatische-belastungsstoerung-ptbs/ (21.10.15)

- Prof. Dr. med. Schnyder, Ulrich, Posttraumatische Belastungsstörung - Ursache bzw. Auslöser, http://www.neurologen-und-psychiater-im-netz.org/psychiatrie-psychosomatik-psychotherapie/stoerungen-erkrankungen/posttraumatische-belastungsstoerung-ptbs/ursache-ausloeser/(21.10.15)

- Raue, Wiebke, Posttraumatische Belastungsstörung (PTBS): Definition. 2014, http://www.onmeda.de/krankheiten/posttraumatische_belastungsstoerung-definition-15012-2.html (11.10.15)

- Traumatisierte Soldaten im Ersten Weltkrieg. Als die Helden das Kriegszittern bekamen, http://www.sueddeutsche.de/politik/traumatisierte-soldaten-im-ersten-weltkrieg-als-die-helden-das-kriegszittern-bekamen-1.1879437 (02.04.15)

- Zoidl, Franziska, Kriegsneurosen: Das große Zittern an der Front, 2014, http://derstandard.at/1389858893075/Kriegsneurosen-Das-grosse-Zittern-an-der-Front (20.10.15)